Ed. DÉCHAUD
Secrétaire de la Chambre de Commerce

Les Ports de l'Oranie

Extrait du Bulletin de la *Société de Géographie et d'Archéologie de la province d'Oran*
Tome XXVIII. — Fascicule CXVII

ORAN
Imprimerie Typographique et Lithographique L. FOUQUE
Rue Thuillier, 4 (Place Kléber)

1908

LES PORTS DE L'ORANIE

CARACTÈRES GÉNÉRAUX DE LA COTE

Un éminent ingénieur hydrographe, M. Lieussou, dont l'œuvre est encore souvent consultée avec fruit, écrivait, il y a plus d'un demi-siècle : « L'identité dans le gisement général de la côte, dans la forme des enfoncements qu'elle présente et dans la direction des vents dangereux, explique la ressemblance si frappante qui existe entre les diverses rades de l'Algérie : chaque rade est située dans la région occidentale d'un golfe ou d'une baie, sur un rivage escarpé où la place manque pour la construction d'une ville ; elle est parfaitement couverte au N.-O. par les montagnes auxquelles elle est adossée et protégée au S. et à l'E., par les rives méridionales et orientales du golfe ; elle n'est tourmentée que par la houle de la partie N.-E. et par le ressac produit par les coups de vent de la partie du Nord. »

« Toutes les rades présentent donc les mêmes dispositions, le même régime nautique ; mais elles sont plus ou moins fermées au N.-N.-E. et par conséquent plus ou moins sûres. »

Cette définition des caractères de la côte algérienne, bien qu'établie presque au lendemain de la conquête, est pleine d'exactitude et il est en effet curieux de constater l'uniformité de la disposition des rades ou baies de l'Algérie, qui sont toutes ouvertes au N.-E. et par conséquent toutes exposées — même après des travaux considérables — au ressac que donne la grosse houle venant de ce point, laquelle règne encore assez souvent surtout en été. On a tenté d'expliquer cette particularité, et au nombre des raisons données, nous en préférons une que nous avons étudiée personnellement avec quelque attention : « Il est de toute évidence qu'il existe presque en permanence un courant portant d'Ouest en Est, et comme il paraît impossible que cette eau cheminante s'arrête brusquement en un point quelconque, il faut admettre qu'elle se divise, que sa vitesse s'atténue, enfin qu'elle revient en arrière formant le long des côtes un contre-courant de l'Est à l'Ouest à action faible, mais continue, qui ronge lentement les terres, les désagrège et crée ainsi dans le littoral des ouvertures uniformément orientés à l'Est ». Cette théorie nous semble d'autant plus admissible qu'un grand nombre de navigateurs ont reconnu l'existence des courants et contre-courants, qui forment la base de notre système.

Ces conditions précaires des mouillages algériens devaient fatalement entraîner bien des difficultés et bien des dépenses pour en permettre une bonne utilisation commerciale. M. Lieussou, avait formulé — c'était en 1846 — au sujet de la répartition du trafic entre les divers ports, une opinion et des pronostics qu'il est intéressant de rappeler, aujourd'hui que l'œuvre grandiose entreprise est sur le point d'être achevée. Le savant ingénieur disait :

« Les principales vallées qui relient la côte à la région des plateaux à travers le bourrelet montagneux du littoral, débouchent à la mer dans les golfes d'Oran, de Bougie, de Philippeville, de Bône et dans la baie d'Alger. Ces grands enfoncements du rivage où se trouvent concentrées toutes les ressources maritimes de la côte sont, en outre, de larges brèches naturelles pratiquées dans l'espèce de rempart formé par le massif méditerranéen. Ils sont par conséquent, les grandes voies ouvertes au commerce européen pour remonter dans l'intérieur du pays. La configuration extérieure du sol, d'accord avec le régime nautique de la côte, désigne donc Oran, Arzew, Alger, Bougie, Collo, Philippeville et Bône, comme les grands ports marchands de l'Algérie. »

Les évènements ont donné raison à M. Lieussou, et si tous les ports qu'il a désignés n'ont pas pris l'extension qu'il espérait, par contre aucun de ceux qu'il avait omis, ne s'est développé d'une façon sensible, malgré tous les sacrifices faits pour les rendre utilisables. Cette constatation était à faire au moment où nous allons présenter une brève étude des ports de l'Oranie. Soixante années d'expérience écoulées donnent un recul suffisant pour qu'il soit permis de croire à une parfaite stabilité des courants commerciaux en ce qui concerne certains ports que désignent à la fois leur situation géographique et les conditions économiques du pays.

Les ports ou mouillages de l'Oranie sont au nombre de huit : Adjeroud-Kiss (aujourd'hui Port-Say), à la frontière même ; Nemours, qui se trouve ainsi dépossédée de son titre de sentinelle avancée vers le Maroc ; Honaïne sur une plage isolée ; Béni-Saf, à l'entrée de la vallée de la Tafna ; Mers-el-Kébir et Oran, qui ne forment en réalité qu'un port ; Arzew et enfin Mostaganem, à l'extrémité Est de notre province. Chacun de ces ports a sa caractéristique bien nette et répond à un besoin défini. Dans ces conditions le développement de l'un ne peut guère nuire à la prospérité de son voisin et c'est pourquoi nous serons amenés à constater l'expansion parallèle — dans une mesure différente — de tous les ports oraniens. Nous les classerons non dans l'ordre géographique, mais d'après l'importance de leur tonnage, en faisant remarquer toutefois que le mouvement de Béni-Saf et d'Honaïne est entièrement dû aux produits des mines qui existent près de ces points, et que les tonnages qu'ils enregistrent ne peuvent en aucune façon être comparés, comme valeur du moins, avec ceux des autres ports qui importent des produits riches : café, sucre, étoffes, liqueurs, bois, etc., etc., et qui exportent des vins, des céréales, des alfas, des huiles, des marbres, dont la valeur est quelquefois centuple de celle du minerai. Cette réserve était nécessaire pour mettre les choses au point est ceci dit nous allons procéder à l'étude de chacun de nos ports.

ORAN

Le mouillage d'Oran, où se trouve de l'eau en abondance si heureusement complété par l'excellent abri de Mers-el-Kébir, semble avoir été fréquenté de tout temps, comme port de refuge, par les navigateurs, mais ce n'est qu'en 902 que des marins andalous se fixèrent sur ce point et donnèrent naissance à une ville dont la richesse devint rapidement considérable. Malgré des vicissitudes sans nombre, malgré les épreuves les plus cruelles, malgré les coups les plus durs de la nature et des hommes, Oran ne cessa de progresser pour arriver à nous, grande et puissante Métropole commerciale de l'Ouest.

Le port d'Oran est situé au fond du golfe formé par le cap Falcon et le cap de l'Aiguille par 2° 57′ 38″ de longitude Oues et 35° 42′ 48″ de latitude Nord au pied d'une chaîne de montagnes. Comme la plupart des abris de la côte algérienne le golfe et la baie d'Oran sont ouverts au N.-N-.O. ; la baie est bien protégée contre les vents de l'Est à l'Ouest en passant par le Sud, par les terres élevées qui bordent la côte.

Le port d'Oran, qui a été terminé, moins les quais, en 1876, est formé par deux jetées : la première de 1.035 mètres de longueur, dite jetée du large, dont la direction est de l'Ouest à l'Est se relevant un peu vers le large à son extrémité ; la deuxième appelée jetée Sainte-Thérèse, qui a un développement de 335 mètres court du Nord au Sud et garantit le port contre la mer de l'Est ; une autre jetée de 30 mètres de longueur, enracinée à la jetée du large, forme un éperon sur l'alignement de la jetée Sainte-Thérèse et limite avec cette dernière la passe du port dont la largeur est de 90 mètres avec une profondeur de 12 à 14 mètres.

Le prolongement de la jetée du Nord sur 230 mètres en dehors de la passe forme un avant-port où les navires peuvent au besoin mouiller dans d'assez bonnes conditions par un fond de sable d'excellente tenue.

Dans l'angle S.-O. du port, il existe un bassin de 4 hectares et demi, appelé Vieux port et qui est spécialement réservé aux embarcations de servitude, à la navigation à voiles et aux petits vapeurs côtiers.

La surface abritée dans les deux bassins est d'environ 30 hectares de superficie dans laquelle les navires de tout tonnage peuvent évoluer aisément quel que soit le temps.

Ces bassins sont entourés de quais de différentes largeurs. Ceux de la Gare, de la Douane, ainsi qu'une partie du quai Charlemagne ont 40 mètres. Le quai Lamoune n'a que 30 mètres, mais il pourra être facilement élargi. Les deux traverses provenant de la transformation des anciennes jetées sont limitées par des murs de quai laissant entre eux une largeur de 50 mètres pour les quais du Centre et de Sainte-Thérèse et de 80 mètres pour le quai Sainte-Marie.

Le développement total des quais est de 2.192 mètres, dont

743 mètres autour du vieux port. Leur surface totale est de 128.074 mètres carrés avec les affectations ci-après :

Voies d'accès et de circulation.............	12.600 m²
Voies ferrées........................	2.100 —
Gare (Oran-Marine)........................	36.500 —
Hangars et services publics...............	9.600 —
Magasins publics de la Chambre de Commerce.	12.574 —
Pour le dépôt des marchandises en transit...	54.700 —

Il faut ajouter à ces surfaces 17.253 m² aux quais de la Douane et Lamoune, qui sont actuellement utilisés par le commerce bien qu'ils ne soient pas nivelés.

Le port d'Oran étant devenu depuis longtemps insuffisant pour les besoins du trafic, un projet d'agrandissement vers l'Est a été étudié et est entré, à la fin de l'année 1906, dans la voie de l'exécution ; il sera vraisemblablement achevé dans sept ans environ.

Il comporte le prolongement sur 1.282 mètres de la jetée du large et l'établissement d'une seconde jetée de 400 mètres de longueur, sensiblement perpendiculaire à la terre, enracinée à la pointe du Ravin Blanc qui marque l'extrémité du port vers l'Est. Ces deux ouvrages créent un bassin de 1.400 mètres de long sur 1.000 mètres de large, dont les proportions ont paru trop vastes : 1° pour assurer un calme parfait ; 2° pour donner une bonne utilisation commerciale. Pour obvier à ces inconvénients on a prévu la construction d'une troisième jetée parallèle à la jetée Sainte-Thérèse dont elle sera distante de 470 mètres et perpendiculaire à la côte. On aura ainsi deux bassins distincts. Le premier sera entouré de quais, à l'Ouest par la transformation en ouvrage de ce genre de la jetée actuelle de Sainte-Thérèse dont la largeur sera augmentée de 70 mètres et portée à 120 mètres ; au Sud par un terre-plein ayant provisoirement 100 mètres de largeur, à conquérir sur la mer et à l'Est par la jetée dont on a parlé plus haut et laquelle formera également un quai de 220 mètres de longueur sur 95 mètres de largeur. Ce bassin pourra être exécuté assez rapidement ce qui permettra de mettre dans un délai assez rapproché à la disposition du commerce, 895 mètres de longueur de quais accostables aux navires du plus fort tonnage et 74.750 mètres carrés de terre-pleins nouveaux.

Quant au second bassin, beaucoup plus vaste, il remplira

momentanément le rôle d'avant-port et pourra, étant données ses grandes dimensions, recevoir des escadres entières et donner asile en eau calme à notre flotte nationale, dont les grosses unités doivent actuellement aller mouiller à Mers-el-Kébir. Plus tard, quand le besoin s'en fera sentir, cet ouvrage pourra être garni de quais présentant un développement de 1.500 mètres et formant un terre-plein de plus de 200.000 mètres carrés de superficie.

Outillage. — L'outillage du port d'Oran comprend :

Deux grues fixes qui sont installées sur les quais, l'une de 20 tonnes, sur le quai Lamoune, l'autre de 8 tonnes sur la face Nord du quai Sainte-Marie. Elles appartiennent à la Chambre de Commerce, qui perçoit pour l'usage de ces appareils les taxes ci-après :

Grue de 20 tonnes........	6 francs par heure
— de 8 tonnes........	3 —

Un projet est à l'étude en vue de doter le port d'appareils de levage à vapeur, hydrauliques ou électriques roulants et flottants.

Il existe trois pontons grues pouvant soulever 60, 12 et 10 tonnes, ils appartiennent à des particuliers.

Acconage. — Un grand nombre de vapeurs effectuent leurs opérations d'embarquement et de débarquement bord à quai ; cependant, divers acconiers possèdent des chalands qu'ils mettent à la disposition des navires moyennant des taxes qui varient de 0 fr. 60 à 2 fr. 50 par tonne suivant la nature des marchandises.

Magasins publics. — La Chambre de Commerce a fait construire sur les quais et elle exploite directement neuf grands magasins destinés à loger la marchandise transitant par le port d'Oran.

Ces magasins sont répartis de la façon suivante :

Au quai Charlemagne : quatre magasins, dont deux de 104 mètres de long, 20 mètres de large, 2.086 mètres carrés de superficie et deux autres de 54 mètres de long, 20 mètres de large et 1.086 mètres carrés de superficie.

Sur le quai de la gare : quatre magasins semblables de 64m50 de long, 20 mètres de large et 1.286 mètres carrés de superficie.

Sur le quai Sainte-Marie un magasin de 54 mètres 30 de long, 20 mètres de large et 1.086 mètres carrés de superficie.

L'ensemble des surfaces couvertes est donc de 12.574 mètres carrés et celui des surfaces exploitables de 11.762^{m2}90. Les magasins sont loués à l'année (taxe : 8 fr. par an et par mètre carré). A la journée (taxe : 0,05 pour chacun des trente premiers jours ; 0,03 pour les jours suivants). A la tonne : tarif suivant nature de la marchandise.

Ces magasins sont très en faveur auprès du commerce qui trouve ainsi de grandes facilités pour le logement et la conservation des produits qu'il reçoit ou qu'il expédie.

Bassin de radoub. — Il n'existe pour le moment qu'une cale sèche pouvant recevoir des navires de 250 à 300 tonneaux, mais on sera amené prochainement à étudier la construction, d'accord avec la Marine Nationale, d'un bassin de radoub ayant au moins 220 mètres de longueur sur 40 mètres de largeur, qui serait en état de recevoir les plus grands bâtiments fréquentant la Méditerranée.

Renseignements. — Nous indiquons sous ce titre les différentes charges qui pèsent sur les navires et les divers avantages que peuvent leur offrir les ports de l'Oranie. Nous ne répèterons pas pour chaque port les taxes qui sont communes à tous.

Taxes fiscales. — Les navires qui fréquentent le port d'Oran acquittent les droits de quai et les droits sanitaires et les navires étrangers, les droits de passeport suivant les tarifs établis pour l'ensemble des ports algériens.

Pilotage. — Le tarif ci-dessous est appliqué par tonneau de jauge nette légale :

	Entrées	Sorties
Vapeurs	0,025	0,015
Voiliers.	0,05	0,03

Tout bâtiment à voiles remorqué par un navire à vapeur est exonéré de la moitié des droits. Le tarif appliqué aux vapeurs sera prochainement réduit de moitié pour ceux d'entre eux venant simplement en relâche pour charbonner.

Amarrage. — L'amarrage est facultatif, le droit fixe de 15 fr. n'est dû qu'autant que le navire a usé du canot du pilotage pour s'amarrer.

Courtage maritime. — Les droits de courtage maritime sont les mêmes pour tous les ports algériens où il existe des officiers ministériels de ce genre. Ils sont de 40 fr. pour les vapeurs venant opérer et de 20 fr. pour ceux qui sont simplement en escale. Le tarif appliqué aux voiliers est gradué suivant le tonnage jusqu'à 300 tonneaux.

Droit de péage. — Pour faire face à l'amortissement des sommes à emprunter pour le paiement des travaux d'agrandissement du port d'Oran, une loi du 18 juillet 1905 a institué à Oran un droit de péage de 0 fr. 50 par tonne d'affrètement ou par tonne de jauge nette suivant le cas.

Gardiennage. — On a organisé un corps de gardiens spécialement affecté à la police des quais et dont la direction a été confiée à la Municipalité.

Il n'est fait d'exception à cette mesure que pour les marchandises dangereuses qui restent sous la surveillance de l'Administration jusqu'à leur enlèvement, aux conditions ci-après :

Le gardiennage est payé à l'heure : 0 fr. 20 pour les heures de jour, de 6 heures du matin à 6 heures du soir et 0 fr. 30 pour les heures de nuit, de 6 heures du soir à 6 heures du matin.

Sont seules considérées comme marchandises dangereuses, celles limitativement définies par le décret du 12 avril 1874.

Charbons. — Il existe en permanence, à Oran, un stock de 10 à 15.000 tonnes de charbon de Cardiff et environ 1.000 tonnes de charbon de Newcastle, cette dernière espèce n'étant que très rarement demandée par les navires.

Les prix pratiqués à Oran sont toujours aussi réduits et quelquefois davantage que ceux appliqués dans les autres ports de charbonnage.

Eau douce. — De l'eau douce excellente est livrée à bord des navires dans de bonnes conditions de célérité moyennant le prix de 3 francs la tonne.

Provisions fraîches. — Le ravitaillement en légumes, viande et poisson est assuré de jour et de nuit, pour les navires faisant escale à Oran. Le prix des vivres est toujours très avantageux.

Avantages pour les relâcheurs. — Le port d'Oran est fort bien situé, exactement à égale distance entre Port-Saïd et les grands ports du Nord : Londres, Hambourg, Anvers, etc. Le cas échéant les navires peuvent accoster bord à quai devant les stocks de charbon et en cas d'extrême urgence se ravitailler ainsi très rapidement. La profondeur des eaux dans le port varie de 9 à 13 mètres.

Les principales distances sont les suivantes :

	Port-Saïd	Constantinople
Londres.......	3.247	3.133
Hull...........	3.361	3.247
Leith..........	3.544	3.430
Dundée........	3.553	3.439
Hambourg.....	3.567	3.453
Brême.........	3.545	3.431
Amsterdam....	3.324	3.210
Anvers........	3.286	3.172
Liverpool......	3.201	3.087
Glasgow.......	3.297	3.189

La distance de Port-Saïd à Oran est de 1.706 milles et celle de Constantinople à Oran de 1.593 milles.

L'escale d'Oran ne nécessite qu'un déroutement de 17 milles seulement.

Organisation du service. — Les navires faisant escale à Oran auront le pilote de nuit comme de jour, et la libre pratique leur sera donnée aussitôt leur arrivée sans distinction d'heure.

Port d'isolement. — Les mesures quarantenaires sont appliquées dans les mêmes conditions qu'à Alger, c'est-à-dire qu'elles sont moins rigoureuses qu'à Malte ou à Gibraltar. Les navires sont isolés dans le port, mais toutes les précautions sont prises pour qu'ils puissent charbonner rapidement et facilement.

Remorquage. — Les vapeurs n'ont jamais besoin, sauf dans le cas d'avaries, de l'assistance des remorqueurs tant pour entrer dans les bassins que pour en sortir ou y manœuvrer. Différents industriels possèdent 6 remorqueurs de différentes forces. Il n'y a pas de tarif officiel, on traite de gré à gré.

Résumé. — D'une façon générale le port d'Oran est d'un accès facile par tous les temps. Il offre aux navires un mouillage d'une sûreté exceptionnelle qui permet d'opérer même pendant les plus mauvais jours de l'hiver.

Mouvement commercial. — Grâce aux avantages qu'il offre aux navigateurs et aussi au réseau très complet de voies ferrées et de routes nationales qui le relient à tous les points du département, le port d'Oran a pris un développement rapide et qui s'accroît tous les jours, malgré le malaise qui règne sur l'agriculture depuis quelques années.

Voici le mouvement, entrées et sorties réunies du port, durant les cinq derniers exercices :

Années	Nombre de navires	Tonnage
1903	4.909	3.023.490
1904	5.753	3.613.721
1905	6.328	4.038.179
1906	6.192	4.013.163
1907	6.102	4.589.814

En 1908, le mouvement dépassera sensiblement 5.500.000 tonnes et le nombre des navires s'élèvera à environ 6.400, sans compter la plus-value de tonnage de bâtiments de guerre qu'a pu donner l'expédition de Casablanca.

Les marchandises importées consistent en produits d'alimentation, en étoffes, verrerie, matériaux de construction, fers et matières premières industrielles. A la sortie, Oran expédie des céréales, du vin, des bestiaux, de l'alfa, des fruits et légumes primeurs, du crin végétal, des écorces, du marbre, des huiles et en général tous les produits du sol, matière première ou fruits du labeur de ses colons.

Depuis 1903 le port d'Oran est fréquenté par des navires de plus en plus nombreux, qui viennent s'y ravitailler en charbon et en vivres frais. Leur nombre s'est élevé à 158 en 1904 ; 185 en 1905 ; 221 en 1906 et 341 en 1907 ; il atteindra 400 en 1908. La quantité de charbon qui leur aura été fournie pour cette dernière année atteindra environ 200.000 tonnes. Cette industrie nouvelle offre, en outre des autres avantages qui s'attachent aux opérations commerciales qui en découlent, celui de maintenir en permanence sur les quais une main-d'œuvre très abondante.

MERS-EL-KÉBIR

Mers-el-Kébir a été dans le passé et est resté dans le présent le complément naturel d'Oran et bien que les travaux d'agrandissement entrepris sur ce dernier point soient de nature à réduire considérablement le rôle de la grande rade oranaise, son utilité n'en restera pas moins certaine dans un certain nombre de cas. Son mouillage est du reste excellent et M. Lieussou disait à ce sujet :

« Mers-el-Kébir est aujourd'hui [1] la meilleure rade militaire de l'Algérie; la sûreté et l'étendue de son mouillage, sa situation géographique aux portes d'Oran, en face de Gibraltar, à proximité d'une frontière sans cesse menacée, lui donnent une haute valeur stratégique. Elle est un centre de protection pour la région Ouest de l'Algérie et assure le ravitaillement de l'armée dans les provinces d'Oran et de Tlemcen ; elle facilite la réunion de nos flottes de Brest et de Toulon, et tend ainsi à neutraliser l'influence de l'occupation de Gibraltar par les Anglais, qui a pesé d'un si grand poids dans nos dernières luttes maritimes. »

Le savant ingénieur était amené à reconnaître que la grande profondeur de la mer sur ce point rendrait les travaux très coûteux et que l'absence d'eau potable constituait un empêchement à la réalisation d'une œuvre importante.

L'avenir devait lui donner raison et démontrer que la science des hommes est faite pour suppléer aux imprévoyances de la nature et qu'elle a pour première utilité de créer sur les points où elles sont utiles, et non à côté, les installations que réclament les besoins du pays.

Il existe un quai de 360 mètres de longueur construit par de petits fonds Aucune installation à l'usage du commerce n'a été effectuée à Mers-el-Kébir.

Les courtiers maritimes sont pris à Oran et les navires supportent les mêmes taxes que dans ce port, sauf en ce qui concerne le droit de péage de 0 fr. 50 par tonne dont ils sont dispensés.

(1) En 1846.

Durant les cinq dernières années, le nombre de navires a été le suivant :

Années	Nombre de navires	Tonnage
1903	613	39.080
1904	1.143 (1)	68.558
1905	759	59.681
1906	700	68.012
1907	741	82.832

Le trafic est entièrement constitué aux entrées par des pétroles, de la poudre, de la dynamite et des matières dont la manipulation ne pourrait pas être effectuée sans danger dans le port d'Oran. A la sortie, on enregistre la réexportation sur le marché de Mélilla, d'une certaine quantité de pétrole et l'envoi en France, en Corse et sur d'autres ports d'Algérie de briquettes de houille de provenance locale.

L'industrie locale comprend : deux usines pour la préparation des sardines à l'huile et dont la production s'est élevée à plus d'un million de boîtes en 1906 ; une usine pour la fabrication des agglomérés de houille, qui a livré à la consommation 7.905 tonnes en 1906 et 12.000 tonnes en 1907 ; sept briqueteries — dont deux munies des derniers perfectionnements - font face, en partie, aux besoins d'Oran et de la province.

Néanmoins, la pêche est la principale ressource des gens du pays : la flotte comprend 108 barques, jaugeant 159 tonneaux et comportant 312 hommes. Le produit de la pêche varie de 20 à 50.000 francs.

Les constructions navales pour les besoins locaux occupent également quelques ouvriers.

L'ouverture des travaux d'agrandissement du port d'Oran aura par répercussion sur Mers-el-Kébir, où sont situées les carrières et où sont construits les blocs, une influence bienfaisante et contribuera dans une large mesure au développement de ce village dont les environs forment également un séjour estival fort recherché des Oraniens.

---

(1) L'augmentation brusque et considérable qui s'est produite dans le nombre des navires est due au mouvement des chalands affectés au transport des charbons entre Mers-el-Kébir et Oran.

BÉNI-SAF

Les débuts de Béni-Saf furent longs et pénibles ; la magnifique mine d'aujourd'hui passa tout d'abord dans plusieurs mains avant de devenir la propriété de la Société de Mokta-el-Hadid, qui devait l'amener à son degré de prospérité actuel. Dans les commencements, l'exploitation n'était pas très active et le minerai était embarqué soit en face de la mine, par des gondoles, soit amené à Oran par un petit vapeur et transbordé de ce port sur les navires qui devaient le transporter à destination. Ce n'est guère qu'à compter de 1882 que tout le trafic a pu se faire par le port construit aux frais et par la Société minière.

Abrité à l'Ouest par les montagnes de Raschgoun, le port de Béni-Saf est orienté vers l'Est. Sa passe a une largeur de 159 mètres et ses fonds varient entre 6 et 9 mètres. Tous les navires peuvent accoster à quai. Néanmoins, des appontements en bois, adaptés aux deux jetées qui protègent le port, facilitent les opérations.

Les opérations effectuées par les navires donnent lieu, en dehors du recouvrement des taxes fiscales déjà citées, aux différentes perceptions que voici :

1° *Pilotage, ancrage, amarrage.* — Vapeurs français et étrangers chargeant du minerai : 35 francs.

2° *Acconage et location de chalands.* — Conditions à débattre.

3° *Courtage maritime.* — Application du tarif, sauf pour les navires venant charger du minerai, lesquels paient 30 francs s'ils prennent 3.000 tonnes et plus, et 25 francs s'ils embarquent moins de 3.000 tonnes.

Péage et stationnement. — La taxe est perçue sur les marchandises embarquées ou débarquées à raison de 0 fr. 20 par quintal métrique. Néanmoins, les articles suivants sont taxés d'une façon spéciale :

Poisson frais	0,10	les 100 kilos
Chevaux et mulets	2,00	par tête
Anes et bœufs	1,00	—
Porcs	0,50	—
Moutons	0,25	—

La taxe de stationnement de marchandises sur les quais ou les terre-pleins après dix jours est fixée à fr. 0,01 par quintal et par jour. Le recouvrement de ces derniers droits est opéré par le service des douanes pour le compte de la Cie de Mokta-el-Hadid.

Béni-Saf ne vit que par les mines et la presque totalité du trafic est fait pour le compte de la Cie de Mokta-el-Hadid.

Un magasin destiné à recevoir les marchandises débarquées ou destinées à l'embarquement a été construit en 1904 et est mis à la disposition du public.

Le mouvement de la navigation de 1903 à 1907 a été le suivant [1] :

Années	Nombre de vapeurs	Tonnage
1903	414	399.506
1904	375	360.951
1905	355	305.767
1906	506	351.164
1907	504	369.192

Les importations à Béni-Saf sont minimes : elles se bornent aux produits nécessaires à l'alimentation de la population ouvrière, aux poteaux de mines nécessaires aux galeries, aux matériaux de construction pour les ouvrages de la mine.

A la sortie, on n'enregistre à peu près que du minerai, dont le tonnage varie avec les besoins du marché métallifère. Les hauts fourneaux américains, après avoir suspendu pendant quelque temps leurs achats, les ont repris et la mine trouvera dans ces commandes — cent mille tonnes environ — un nouvel élément d'activité.

Faute de débouchés, la pêche est peu importante à Béni-Saf 33 bateaux seulement montés par 83 hommes exercent cette industrie qui a produit environ 90.000 francs en 1907.

Il existe également à Béni-Saf, une usine à crin végétal d'une certaine importance. Une ligne ferrée reliera prochainement ce port à Tlemcen et y amènera ainsi une partie des produits de cette importante région. Néanmoins, il semble que l'avenir du port de Béni-Saf soit assez limité.

---

(1) Béni-Saf présente cette particularité que presque tous les navires y arrivent sur lest et en sortent avec de complets chargements.

MOSTAGANEM

L'ancienne *Murustuga* des Romains était vraisemblablement notre Mostaganem, mais il est à croire, et c'est là un avis général, que la ville ancienne était établie sur un point plus hospitalier aux navires et que la configuration actuelle de la côte si ingrate est due à l'un de ces nombreux mouvements sismiques qui ont enfoui pour toujours les populeuses et prospères cités des Césars. Mais si ce passé lointain ne nous a rien légué de précis, par contre nous retrouvons des traces de la ville actuelle à une époque déjà fort éloignée. Dès le douzième siècle, on parle d'elle; plus tard, elle fut comme toutes les autres villes de l'Oranie le but de compétitions avides et des luttes opiniâtres témoignèrent de l'intérêt qui s'attachait à sa possession. En 1558, le Comte d'Alcandète, Gouverneur d'Oran, tenta mais vainement de s'en emparer. Des maures chassés d'Espagne vinrent s'y établir et la ville eut alors une importance qu'elle ne devait jamais plus avoir. On rapporte qu'avec Tidjdit et Mazagan elle comptait plus de 40.000 habitants ; la prospérité la plus grande y régnait et l'importance de son commerce était considérable.

Peu après l'occupation française, Mostaganem occupait encore un rang tellement important qu'il fut un instant question d'en faire le siège du chef-lieu du département. Depuis cette époque, l'ouverture du chemin de fer d'Alger à Oran d'abord, d'Arzew dans le Sud ensuite, ont limité son champ d'action en limitant l'utilisation de son port à la région dont il est le débouché naturel.

Cette situation est en partie due également aux mauvaises conditions nautiques de son mouillage. M. Lieussou, que nous citerons toujours, dit à ce sujet :

« Le rivage de la baie de Mostaganem n'offre aucune crique, aucune anfractuosité dont on puisse tirer parti pour l'établissement d'un port, cet établissement quelque modeste qu'on le suppose, exigerait de très grandes dépenses ; il serait d'ailleurs absorbé plus tard par Arzew, qui redeviendra inévitablement l'entrepôt général de la région orientale de la province d'Oran. »

Les craintes du savant qui a été et qui est encore le guide de ceux qui s'occupent de travaux à la mer se sont réalisées sur le premier point et nous faisons des vœux bien sincères pour que la prédiction ne s'accomplisse pas intégralement.

Vers la fin de 1903, le port de Mostaganem pouvait être considéré comme achevé, lorsqu'une tempête survenue à la fin de novembre, vint ruiner en partie les ouvrages édifiés après tant d'efforts. Depuis cette époque, les avaries ont été réparées et le port serait complètement utilisable s'il était débarrassé des importants dépôts de sable qui l'encombrent. On procède à ces opérations de dévasement et on espère que cet ouvrage pourra enfin être mis prochainement à la disposition des navires qui doivent actuellement opérer en rade, dans des conditions déplorables de temps et d'argent.

Le port actuel ne possède aucun outillage, sauf deux petits appontements utilisés surtout par les navires côtiers et de petites grues de faible puissance. Le débarquement se fait par des allèges appelées *gondoles* et coûte relativement fort cher. Il existe des terre-pleins et sur ces emplacements sont édifiées des baraques à l'usage des Compagnies de Navigation.

Les taxes fiscales sont les mêmes dans tous les ports et les taxes spéciales à Mostaganem sont les suivantes (1) :

Pilotage. — Entrée : 0 fr. 03 ; sortie : 0 fr. 015 par tonne de jauge nette. En outre, un pilote libre entre les navires de tout tonnage moyennant un droit fixe de 20 francs, ou les mouille en rade pour 10 ou 15 francs ; l'amarrage facultatif est tarifié 5 francs.

Lestage. — Les opérations sont longues quand le navire est en rade ; dans le port le lest se paie 2,50 la tonne.

Fournitures d'eau. — Gratuite par les moyens du bord ; 3 francs la tonne rendue à bord par les soins d'un entrepreneur.

Fourniture de charbon. — Il est pratiquement impossible aux navires de faire le plein de leurs soutes. On peut cependant se procurer du combustible avec une augmentation de prix de 7 à 10 francs par tonne sur les cours d'Oran ou d'Alger.

(1) Les renseignements qui suivent, ainsi que d'autres similaires insérés dans ce travail, sont extraits, des documents statistiques des douanes.

Acconage. — Débarquement : bord à quai, fr. 3,50 ; sous palan à quai, fr. 2,75 — Embarquement : Quai à bord, 2,50 à 3,50 ; de quai sous palan, fr. 2 à 2,75. Location de chalands, fr. 15 par jour ; de remorqueur, fr. 50 à 60.

Courtage maritime. — Vapeurs venant de France ou de l'Étranger : 40 francs ; vapeur ayant précédemment touché un port algérien : 20 francs ; voiliers : tarif progressif sauf pour les côtiers.

Taxe de péage. — Il est perçu 1 franc par tonne métrique de marchandises embarquées ou débarquées en provenance ou à destination de la France ou de l'Étranger, avec limitation de la perception à raison de 1 franc par tonne de jauge nette du navire, si les opérations cumulées d'embarquement et de débarquement dépassent la dite jauge.

Mouvement commercial. — Le mouvement général de la navigation durant les cinq dernières années est indiqué dans le tableau ci-après :

Années	Nombre de navires	Tonnage
1903	1.149	359.292
1904	1.319	307.501
1905	1.357	352.154
1906	1.429	343.836
1907	1.366	406.223

Comme pour les autres ports de l'Algérie l'importation, qui se fait en grande partie par transbordement sur des caboteurs, se compose des multiples objets que ne produit pas la Colonie et qui sont cependant nécessaires à ses besoins.

Placé en tête d'une région extrêmement fertile, où s'opèrent avec succès les cultures les plus diverses, le port de Mostaganem exporte une quantité assez importante de céréales et de vin à destination de la France.

Le nombre des embarcations se livrant à la pêche s'est élevé à 75, dont 4 à vapeur, ayant ensemble 144 hommes d'équipage. La pêche est assez fructueuse sur ce point et atteint environ 150.000 francs par an.

On espère que l'achèvement des travaux du port, qui permettra une meilleure utilisation de cet ouvrage que par le passé, aura une influence favorable sur le développement du trafic qui a sensiblement augmenté durant ces dernières années, bien que le tonnage des navires fréquentant le port soit à peu près resté sans changement. Cette situation semble due au mouvement intense des petits vapeurs côtiers qui ont exécuté entre Oran et Mostaganem, pendant l'année 1906 seulement, 376 voyages.

ARZEW

Arzew est le point de la côte oranaise préféré par M. Lieussou, dont nous avons déjà si souvent invoqué l'autorité ; aussi l'éminent ingénieur en parle-t-il avec un véritable enthousiasme. Nous allons du reste, comme pour les autres ports, reproduire ce qu'il dit à ce sujet : « La rade d'Arzew est masquée par les terres de toutes les aires de vent ; pour le calme des eaux, cette rade est un véritable port. Elle est placée au débouché à la mer des vallées du Sig, de l'Habra, de la Mina et du Chéliff ; elle est l'entrepôt naturel de Mostaganem, de Mascara et de Saïda ; elle communique avec le Sahara occidental plus facilement que tout autre point de la côte, et centralisera par conséquent le commerce de transit qui s'établira à travers la province d'Oran, entre l'Europe et l'intérieur de l'Afrique.

« Le port d'Arzew qu'aucune route ne relie à l'intérieur du pays [1] n'est encore qu'une impasse, qu'un lieu de relâche principalement fréquenté par les navires que le mauvais temps chasse de Mostaganem. Mais l'excellence de son mouillage et la topographie générale de la province d'Oran, lui assignent le premier rang parmi les ports marchands de la région Ouest de l'Algérie. »

M. Lieussou avait sans doute basé son opinion non seulement sur la situation topographique du pays, mais il avait surtout été influencé dans son jugement par le passé véritablement prospère de la rade d'Arzew. Sans remonter aux Romains, lesquels avaient du reste placé leur mouillage en un des plus mauvais points de la rade, on constate que

(1) Ceci est écrit rappelons-le en 1846.

pendant la longue succession des siècles que dura l'occupation arabe, la rade d'Arzew fut le siège d'un mouvement maritime intense. De nombreux navires venaient chaque année y prendre des chargements de grains pour la France et l'Italie et de bœufs pour l'Espagne. On dit que dans certaines années le nombre de ces navires avait dépassé quatre cents.

Mais dans notre siècle de progrès, le génie des hommes a suppléé à l'insuffisance de l'action de la nature et c'est ainsi que la prospérité est allée, non à ceux qui détenaient les dons les plus rares, mais à ceux qui avaient su par leur labeur, par leur persévérance, attirer vers leur œuvre et retenir la fortune. L'outil moderne qu'est le chemin de fer a largement contribué à créer un état de choses artificiel devant lequel tout a dû céder et c'est ainsi que tous les grands ports du monde, sans exception, ne doivent rien à la nature et tout au travail des hommes.

Le mouillage d'Arzew est sûr par des fonds de 10 à 11 mètres de nature rocheuse. Les vents d'Ouest et ceux de Nord-Est y amènent cependant une houle très violente qui interrompt les opérations des navires.

L'abri naturel a été complété par une jetée de 325 mètres de longueur, enracinée au contrefort de Djebel Orousse et qui protège : 1° trois môles, ayant chacun une longueur de 30 mètres sur 10 mètres de large, accessibles aux chalands et aux navires ayant un faible tirant d'eau ; 2° un quai de 234 mètres de longueur, sur une largeur utilisable de 30 mètres auquel peuvent s'amarrer des navires de gros tonnage.

Un projet d'agrandissement du port est en cours d'exécution : on prolonge de 100 mètres le quai existant et on donne au môle n° 3 une longueur de 158 mètres et une largeur de 60 mètres. Ces deux môles seront reliés par un quai et la surface de terre-pleins mis à la disposition du commerce qui est actuellement d'environ 35.000 mètres, sera augmentée de 13.500 mètres. Ces nouveaux travaux auront l'avantage, une fois achevés, d'augmenter du double la longueur des quais accostables par les grands navires et permettront ainsi une manipulation plus rapide et moins coûteuse aux marchandises transitant par le port d'Arzew.

Une double voie ferrée relie tous les points accostables du port à la gare.

L'outillage nautique comprend un chaland bigue d'une portée de 10 tonnes et 28 allèges dont la portée varie entre 60 et 140 tonnes.

En plus des taxes fiscales, les navires ont à payer à Arzew les taxes ci-après :

Pilotage. — Par tonne de jauge nette légale :

	Entrée	Sortie
Vapeurs par tonneau......	0,055	0,025
Voiliers —	0,10	0,04

Les changements de mouillage se paient 6 francs, quel que soit le tonnage du navire.

Amarrage (facultatif), 15 francs par navire.

Lestage et délestage. — Ces opérations se traitent à forfait.

Fourniture d'eau. — L'eau est fournie au moyen des manches du navire, qui s'approvisionne à raison de 0 fr. 75 le mètre cube. Il n'existe pas de citerne.

Courtage. — Tarif légal comme dans les autres ports algériens.

Taxe de péage. — Il est perçu un droit de 0 fr. 40 par tonne de marchandise embarquée, débarquée ou transbordée et 0 fr. 10 par colis pour les futailles vides.

Mouvement commercial. — Le port d'Arzew a pris, durant ces dernières années, un développement rapide et considérable ainsi qu'en témoignent les chiffres ci-après :

Années	Nombre de navires	Tonnage
1903	937	417.014
1904	989	408.190
1905	1.057	447.747
1906	998	420.987
1907	978	509.836

Arzew étant reliée par une ligne ferrée à l'Extrême Sud, reçoit sous le régime du transit international, des quantités assez considérables de marchandises à destination des marchés rancs de Beni-Ounif, de Figuig et de Colomb-Béchar ; on débarque en outre sur ce point des bois et des matériaux de construction destinés à toute l'importante région desservie par la ligne ferrée.

A l'exportation, ce port ajoute aux vins, céréales et alfa, les produits assez importants d'une mine de fer située près de Saint-Cloud, et dont l'exploitation se poursuit avec une certaine activité. Dans son ensemble, le mouvement du transit enregistre une progression très appréciable.

Arzew tire également de la pêche une importante source de revenus : 98 bateaux et 400 marins sont employés à cette industrie qui donne, en moyenne, un produit annuel d'une valeur d'environ 175.000 francs. Les côtes sont très poissonneuses.

Dans son ensemble, la situation de ce port est très satisfaisante et tout permet de croire qu'il se développera normalement et prendra dans l'avenir la place qui lui revient dans le mouvement économique du département.

NEMOURS

Cette ville n'a pas de passé, sa création est relativement récente. Nemours a été construite sur l'emplacement du poste établi en 1845 par Lamoricière et de Montagnac. Dès son début, elle donna lieu, à de vives critiques et Bugeaud, notamment, exprima l'avis qu'il aurait été convenable de la placer plus à l'Ouest et à l'endroit même où se trouve Port-Say. Cette idée ne prévalut pas et les évènements semblent avoir justifié les appréhensions de l'ancien Gouverneur général, car cette ville n'a jamais joué le rôle en vue duquel elle avait été installée. Il faut peut-être chercher cet échec dans les mauvaises qualités nautiques de son mouillage.

M. Lieussou, à l'expérience duquel nous avons toujours fait appel, dit au sujet de ce port : « Petite anse très ouverte à l'expose directe du Nord. Abri nul, mais bonne plage de débarquement. Emplacement qui se refuse à la création d'un port. Communications faciles avec l'intérieur du pays. Transit de Lalla-Marnia, Nédromah Sebdou et la frontière du Maroc.

Port de cabotage et de pêche insuffisant pour le commerce maritime du territoire de Tlemcen. »

Nous avons reproduit ce jugement sans rien y changer et il est dans notre pensée de laisser à l'avenir le soin de dire ce qu'il vaut.

A l'heure actuelle, il n'existe à Nemours aucun ouvrage susceptible de défendre les navires contre les grosses mers du large d'entre E.-N.-E. et E.-N.-O, qui rendent les opérations impossibles une grande partie de l'année.

Il n'existe pas de quais proprement dits, mais des berges pavées. Les marchandises y sont quelquefois déposées au moment du débarquement. Sur la pointe Est, au pied de la montagne de Touent et à la base du court tronçon qui existe, il a été construit un quai d'une longueur d'environ 80 mètres en partie édifié sur des enrochements, muni de deux escaliers de débarquement et d'une grue métallique de cinq tonnes de portée. A la pointe Ouest se trouve aussi un quai maçonné d'une longueur d'environ 150 mètres, muni de deux escaliers de débarquement et d'une grue en fer et en bois, d'une portée de deux tonnes.

Pilotage. — Il n'existe pas de pilote à Nemours. Cependant, les capitaines de navires peuvent traiter avec des marins pratiques du pays qui demandent de 25 à 30 francs pour mouiller un batiment en rade.

Ravitaillement. — Les navires ne peuvent trouver à Nemours, ni eau douce, ni charbon et les ressources locales sont absolument insuffisantes pour assurer leur ravitaillement.

Acconage. — Comme sur tous les points du département où il n'existe pas de port, les opérations d'embarquement et de débarquement se font au moyen de gondoles. Le tarif appliqué est le suivant :

De quai à bord : 2 fr. 50 la tonne ; des magasins de l'expéditeur à bord : 3 francs ;

De bord à quai et en magasin : 3 francs la tonne. Des prix spéciaux sont appliqués pour les marchandises encombrantes et de grand poids, et les animaux.

Courtage maritime. — Il existe un courtier maritime qui se charge des opérations des navires moyennant le prix du tarif que nous avons déjà indiqué.

Construction d'un port. — La construction, sinon d'un port, du moins d'un abri convenable, vient d'être décidée et la réalisation de ce projet, vieux de plus d'un quart de siècle, ne semble pas devoir être beaucoup différée. On aura à surmonter sur ce point de grosses difficultés, mais il faut espérer que le projet conçu pourra être mené à bonne fin et que cette ville sera enfin dotée de l'abri qui aurait pu faire sa fortune il y a trente ans.

Mouvement commercial. — Le mouvement de la navigation est très inégal et correspond à peu près aux résultats des récoltes dans la région :

Années	Nombre de navires	Tonnage
1903	524	202.229
1904	711	164.272
1905	721	234.753
1906	662	246.486
1907	618	256.469

Aux entrées figurent des produits divers, dont certains articles ne font que transiter à destination du Maroc. L'importation n'a atteint que 22.390 tonnes en 1906, contre 23.590 tonnes en 1905. A noter également le débarquement de 6.200 bœufs provenant des ports marocains de l'Atlantique et destinés à sortir de l'Algérie pour se rendre à Oujda. Ce nouveau courant commercial est d'autant plus digne de retenir l'attention qu'il est susceptible de prendre une certaine extension.

Aux exportations, nous enregistrons principalement les céréales, le minerai de zinc, l'alfa, le crin végétal, les poissons salés et les marbres.

La pêche emploie 16 barques montées par 63 hommes d'équipage. Depuis quelques années de nombreux étrangers — notamment des Italiens — viennent s'établir dans le pays pour y pêcher la sardine, qu'ils salent et envoient ensuite dans leur pays. Une plus stricte application de la règlementation sur la composition des équipages évitera le retour des abus qui se sont produits.

La destinée de Nemours n'a pas été heureuse jusqu'à ce jour et ce point d'avant-garde, perdu vers le Maroc, n'a pas eu le développement qu'on aurait été en droit d'en attendre. Il faut espérer que la réalisation du port apportera à cette charmante petite ville, placée au milieu d'une région extrêmement fertile, la prospérité qui lui a fait jusqu'ici défaut.

PORT-SAY

L'idée première d'établir un centre sur les rives de l'Oued Kiss, qui forme sur ce point la frontière Algéro-Marocaine, appartient à Bugeaud et seuls les hasards de la guerre voulurent que la ville nouvelle fut installée beaucoup plus à l'Est. Un ancien lieutenant de vaisseau M. Louis Say, qui avait eu l'occasion au cours d'un voyage de voir ce pays, reprit l'idée de Bugeaud et vint fonder, de ses propres deniers, en 1901, un centre commercial qui ne tarda pas à prendre, grâce à la rare énergie et aux capitaux de son fondateur, une réelle importance.

C'est en réalité le véritable marché d'échanges avec le Maroc et depuis de longues années, des marchés forains se tenaient sur ce point pendant la campagne des céréales et c'est là que les négociants de Nemours et d'Oran venaient acheter aux sujets du Sultan les produits de leurs récoltes. Aujourd'hui, la situation est régularisée au point de vue administratif et un décret du 25 octobre 1903 a installé sur ce point, sous le nom d'Adjeroud-Kiss, un bureau de douane ouvert à l'exportation par terre et par mer des marchandises de toute nature.

Les résultats espérés se réalisent rapidement et aux clients ordinaires ne tardèrent pas à se joindre des acheteurs des Angad, des Guelaya, des Kebdana, mais surtout des agglomérations des Ouled Mansour, des Beni-Snassen et des Trifa, qui trouvaient ainsi à proximité de leur territoire des produits de première nécessité pour leur alimentation et dont l'approvisionnement à Marnia, Oujda et Mélilla leur était rendu difficile par la distance à parcourir et l'insécurité des routes à suivre.

Les conditions nautiques du mouillage ne sont pas bonnes et le véritable emplacement d'un port serait plus à l'Ouest sous le Cap de l'Eau et c'est dans ce sens croyons nous que furent échafaudés les premiers projets.

Signalée à 4 kilomètres à l'Est par le Cap Miliona (altitude 212 mètres, poste optique) et à l'Ouest par les Iles Zaffarines, à 18 kilomètres, la plage du Kiss suit une ligne de 1.200 mètres de longueur, légèrement incuvée, orientée du Sud-Ouest au Nord-Est, où elle s'appuie à de hautes falaises. Elle est exposée à toutes les grosses mers.

Port-Say est situé à l'Est de la plage dans un hémicycle de collines. Sa population est actuellement de 250 Européens environ. Une route le relie à Marnia et à Nemours. Deux cents mètres de terre-pleins empierrés, où les marchandises peuvent séjourner en attendant la venue des navires, une jetée de 200 mètres et une autre en construction, constituent les premiers aménagements dont peut bénéficier le commerce.

Les embarquements et débarquements se font au moyen de gondoles à fond plat et d'équipes de chargeurs recrutés sur place. Le peu de profondeur oblige les navires d'un tirant d'eau supérieur à 3 mètres à se tenir à distance de la côte, à 160 mètres au moins. La moindre houle forme des brisants et entrave les opérations. Mais les vapeurs ont la facilité de pouvoir s'abriter par gros temps au mouillage des îles Zaffarines.

A part les droits fiscaux ordinaires, il n'est perçu aucune taxe d'usage à Port-Say où il n'existe du reste ni pilotage, ni entreprise de ravitaillement. Les opérations d'acconage sont faites par des gondoles et le prix de revient du chargement ou du déchargement d'une tonne est d'environ 3 fr. 50.

Port-Say semble plein d'avenir et il paraît probable que c'est sur ce point que se fixera définitivement le centre d'affaires qui doit, avec les marchés de Marnia, Oujda et de Berguent, nous permettre d'alimenter une grande partie du Riff et toutes les régions si importantes de l'Est Marocain.

Le mouvement de la navigation pendant les quatre dernières années a été le suivant :

Années	Nombre de navires	Tonnage
1904	474	9.095
1905	346	12.348
1906	274	42.520
1907	262	28.984

HONAÏNE

Situé entre Nemours et Raschgoun, le mouillage d'Honaïne qui était à peu près constamment désert il y a quelques années, a pris une importance relative depuis la mise en exploitation des mines de fer de Rar-el-Maden. La rade d'Honaïne est orientée vers le N.-O.; elle est abritée au Nord et au N.-O. par la montagne de Sidi-Brahim et le cap Noé. Sa profondeur varie de 3 à 12 mètres.

Il n'y est pas perçu de taxe de péage et les opérations de pilotage, d'amarrage et d'acconage sont faites gratuitement par le concessionnaire des mines.

Le mouvement de la navigation, de 1903 à 1907, est indiqué dans le tableau ci-après :

Années	Nombre de navires	Tonnage
1903	94	32.672
1904	128	36.688
1905	132	34.170
1906	98	40.688
1907	29	12.344

Le bureau n'est pas ouvert aux importations provenant de l'Etranger et les minerais expédiés sont dirigés vers la Hollande ou l'Allemagne, et sont destinés, pour la plus grande quantité, à alimenter les usines Krupp. Des difficultés naturelles se sont produites ces temps derniers en cours d'exploitation et le rendement de la mine a considérablement diminué.

RÉSUMÉ

Considérés dans leur ensemble, les huit ports du département d'Oran qui semblent répondre dans une certaine mesure — sauf Nemours et Port-Say qui font double emploi — à des besoins particuliers et bien définis, ont été pendant cinq ans le siège d'un mouvement maritime qui peut être ainsi résumé :

Années	Nombre de navires	Tonnage
1903	8.640	4.473.283
1904	10.902	4.968.976
1905	11.055	5.484.799
1906	10.859	5.526.856
1907	10.600	6.255.694

La moyenne annuelle de la période examinée fait ressortir que le nombre des navires s'élève à 10.411 et leur tonnage collectif à 5.341.924 tonneaux ; les résultats de ces cinq dernières années accusent donc une plus-value régulière et constante sur les chiffres enregistrés antérieurement.

Cette observation faite, il est à noter que le nombre des navires n'augmente pas proportionnellement autant que le tonnage, par suite de l'augmentation de la capacité des navires ; pareil effet se produit dans presque tous les grands ports du monde. Cette particularité est d'autant plus curieuse qu'après de longues années d'inaction, le cabotage côtier, par navires à vapeur et par chalands remorqués, a pris une rapide extension.

D'une façon générale, et sauf sur les lignes de la Méditerranée où le matériel naval ne s'est pas modifié, le tonnage des vapeurs appelés à assurer le service entre la France et l'Algérie a augmenté dans de notables proportions, et aux navires de 1.200 à 2.000 tonnes de portée on a substitué des cargos modernes de 2.500 à 4.000 tonnes pour les voyages de Bordeaux et Nantes, de 2.000 à 5.000 tonnes sur Dunkerque et jusqu'à 7.000 tonnes sur le Hâvre et Rouen. Malgré cette augmentation dans les tonnages, les navires qui fréquentent nos ports trouvent à peu près toujours à se remplir et on ne voit relever sur lest, que les navires ayant des engagements à remplir sur un autre point. A certains moments, le tonnage est même tellement insuffisant, que de véritables crises se produisent faisant monter à un taux véritablement exagéré le prix des frets.

Pris au point de vue de sa part respective dans les chiffres d'ensemble que nous venons de citer, chacun des ports se cote de la façon ci-après (les moyennes étant prises sur les résultats des cinq dernières années), à savoir :

	Pour le nombre de navires	Pour le Tonnage
Oran	64,56 %	74,70 %
Beni-Saf	4,75	5,90
Mostaganem	12,89	6,49
Arzew	9,23	8,15
Nemours	5,83	4,10
Port-Say	2,47	0,46
Honaïne	0,27	0,20

Comme on le voit par les chiffres qui précèdent, la part du port d'Oran dans le mouvement maritime de l'Oranie est absolument prépondérante et de l'examen des statistiques relatives à chaque ville, on peut déduire que les fluctuations qu'il subit, ont seules une influence sérieuse sur cette branche de notre activité économique.

L'avenir modifiera-t-il cet état de choses ? Certains ports se développeront-ils au détriment de leurs voisins ? Une nouvelle classification s'établiera-t-elle par la concentration du fret sur un point quelconque ? Ce sont là autant de questions dont l'examen peut soulever les plus vives et les plus légitimes controverses : chacun a foi en la cause de sa cité et chacun — cela est naturel -- la veut grande et prospère. Mais s'il est difficile de se prononcer avec quelque certitude, il n'est pas défendu d'émettre un avis et de chercher avec la plus grande impartialité en s'inspirant des éléments dont on dispose, à tourner un feuillet du livre redoutable de la destinée.

L'Oranie peut être divisée en trois grandes régions : celle de l'Est, qui comprend l'arrondissement de Mostaganem ; celle du Centre, qui réunit les arrondissements d'Oran, de Mascara, de Bel-Abbès et une partie de celui de Tlemcen ; celle de l'Ouest, qui est formée par toute la région limitrophe de la frontière. Les produits de ces régions ne se dirigeront pas rigidement vers un port quelconque, car le chef-lieu sera toujours un grand centre d'attraction, mais sous cette réserve, il n'est pas impossible que les marchandises aient une tendance, pour obtenir des meilleurs prix, à se grouper, plus particulièrement vers un port. Quels seront les ports préférés dans chacune des régions ?

Pour la première région, Arzew et Mostaganem sont en présence, quel sera le port préféré ? Nous estimons que ce sera Arzew, car en raison même de son orientation, le port de Mostaganem même achevé, n'offrira qu'une sécurité relative aux navires, alors qu'au contraire la rade voisine bien abritée, complétée par des travaux d'art, permettra d'opérer, par tout temps, vite et bien ; dans la deuxième région, la position d'Oran ne saurait être discutée et les travaux d'amélioration qui vont y être effectués lui permettront de faire face pendant de longues années à toutes les exigences du trafic ; enfin dans la troisième région, la lutte se circonscrit entre Nemours et Port-Say. Ce dernier point a toutes nos préférences et il paraît évident qu'il devra à sa situation de centraliser les opérations commerciales avec la partie Est du Riff. A notre avis, trois ports : Oran, Arzew et Port-Say semblent donc devoir être les points principaux de transit des produits de ou pour l'Oranie ; mais ce n'est évidemment là qu'une opinion et c'est à l'avenir seul qu'il appartiendra de se prononcer en dernier ressort.

Toute question de prédominance locale à part, nous constatons avec beaucoup de fierté et de joie que dans une courte période de cinq ans, au cours de laquelle l'agriculture et le commerce ont eu à souffrir de crises graves dues aux mauvaises récoltes ou à la mévente, le mouvement du tonnage des huit ports de l'Oranie s'est accru de près de 30 °/₀ et que celui du nombre des navires a augmenté de 20 °/₀. Cette preuve de vitalité en un moment aussi critique est le meilleur hommage que l'on puisse rendre au courageux et fécond labeur de nos colons, à l'activité et l'initiative du commerce de l'Oranie et elle nous donne pour l'avenir la réconfortante assurance que leurs efforts ne resteront pas vains et que la grande œuvre de civilisation entreprise en commun sera digne de notre cher pays.

ED. DÉCHAUD,

Secrétaire de la Chambre de Commerce d'Oran.

www.ingramcontent.com/pod-product-compliance
Ingram Content Group UK Ltd.
Pitfield, Milton Keynes, MK11 3LW, UK
UKHW022146260726
13993UKWH00005B/2188

9 782019 933975